闯进古文才子班

秒懂漫画文言文
（悦读版）

第一辑（3）

语小二 ·编绘·

人民邮电出版社

北京

图书在版编目（CIP）数据

闯进古文才子班：秒懂漫画文言文：悦读版. 第一辑 / 语小二编绘. -- 北京：人民邮电出版社，2023.9（2024.2重印）
ISBN 978-7-115-61996-9

Ⅰ.①闯… Ⅱ.①语… Ⅲ.①文言文－通俗读物 Ⅳ.①H194.1

中国国家版本馆CIP数据核字(2023)第120064号

内 容 提 要

　　古典文学是我国传统文化中的璀璨明珠。千百年来，我国涌现了大量文学名家，他们创作的作品题材广泛、影响深远，他们的名篇名作穿越千年，散发出夺目的光芒。本书选取了我国历史上的五位文学名家——司马迁、贾谊、司马相如、蔡文姬、曹植，将他们的人生经历、创作历程用漫画展现出来，并对他们的名篇名作加以介绍，以期通过这种方式让读者走近古代文学名家，了解名篇名作创作背后的故事，领略名篇名作的魅力。

　　本书适合中小学生以及其他对古典文学感兴趣的读者阅读。

- ◆ 编　绘　语小二
　　责任编辑　付　娇
　　责任印制　周昇亮

- ◆ 人民邮电出版社出版发行　北京市丰台区成寿寺路 11 号
　　邮编　100164　电子邮件　315@ptpress.com.cn
　　网址　https://www.ptpress.com.cn
　　天津善印科技有限公司印刷

- ◆ 开本：880×1230　1/32
　　印张：5.5　　　　　　　　　　2023 年 9 月第 1 版
　　字数：211 千字　　　　　　2024 年 2 月天津第 2 次印刷

定价：39.80 元（全 5 册）

读者服务热线：(010)81055296　印装质量热线：(010)81055316
反盗版热线：(010)81055315
广告经营许可证：京东市监广登字 20170147 号

大家好，我是语小二。

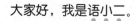

从 2020 年开始，我们创作了《闯进诗词才子班 秒懂漫画古诗词》系列作品，并分别在 2021 年和 2022 年出版了四辑图书。这四辑图书上市后，很多读者都非常喜欢，我们收到了无数条反馈意见。其中有两条意见特别突出。一条意见是"你们的作品中只有诗人、词人，可是还有其他许多古代文学名家并没有包括进来。怎么不讲讲他们的故事呢？"，另一条意见是"《闯进诗词才子班 秒懂漫画古诗词》系列作品确实可以帮助读者了解诗词、学习诗词，不过在中小学生的学习难点中，还有一类是文言文的学习，你们能不能创作一些漫画，把文言文的知识也涵盖进去呢？"。

这两条意见让我们陷入沉思。中国古典文学作品浩如烟海，文学名家灿若繁星，如果能把他们的故事和名篇佳作也用漫画讲述出来，那将是一件多么有意义的事情！于是，经过大量的梳理工作，我们筛选出了二十位中国古代文学名家，把他们聚集在一个班级——"古文才子班"里，通过富有想象力的漫画来讲述他们的人生故事，并将他们在不同人生阶段创作的名篇佳作融入故事中，讲明这些名篇佳作的创作背景，同时用简洁的文字对作品内容予以诠释。

在本系列图书中，我们还设置了"拓展学堂"，以期通过这个栏目，介绍更多的古典文学知识。

如果我们这一次微小的努力，可以帮助读者更好地了解书中的每一位古代文学名家，拉近读者与名篇佳作之间的距离，使读者对中国古典文学产生兴趣，那就太棒了！

语小二 漫扬文化

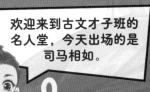

欢迎来到古文才子班的名人堂，今天出场的是司马相如。

姓名：司马相如　　字：长卿

号：无　别名：犬子、赋圣、辞宗

性别：男　籍贯：蜀郡成都（今四川成都）

生卒年：约公元前 172—前 118 年

外貌特征：雍容闲雅，仪表堂堂

最喜欢或最擅长的事：写辞赋、弹琴

终于轮到我出场了！

琴挑文君的
司马相如 "赋圣"

在古文才子班上，
大多数同学都因为才华而非常有名；
但有一位同学很特殊，
他也是名人，但他的名气似乎"来路不正"。
一提起他，很多人马上就会想到他的妻子，
似乎他是沾了妻子的光才有了点名气。
这位同学的名字叫司马相如，
他的妻子叫卓文君。

实际上，在司马相如的一生中，
他与卓文君的故事只是一个片段。

司马相如的出生时间是个谜，
目前没有定论，有好几种说法，
其中主流说法认为他大约出生于公元前 172 年。
按汉朝的区域划分，他是蜀郡成都人，
按现在的区域划分，他是四川成都人。

司马相如

这里巴适得很！

司马相如出生在一个比较富裕的家庭，

父母对他非常宠爱，

给他取了个小名叫"犬子"，

用现在的话说就是"狗子"。

为什么取一个这么难听的小名呢？

那是因为古人相信，

给孩子取个难听的名字可使孩子好养活。

在司马相如出生的年代，还没有科举制度，

一个人如果想做官，

有很多途径，比如举荐、赀（zī）选。

但不管哪种途径，都要求为官的人有比较高的文化素养。

司马相如是个不甘平庸的人。

他聪明伶俐，从小就刻苦读书，

少年时代就成了小有名气的才子，还学了一手好剑术。

一手书卷一手剑，司马相如就像是从神话中走出来的小哥哥。

唯一美中不足的，就是他总被人叫"犬子"。

历史上有一个叫蔺相如的人，

他是了不起的政治家、外交家，留下了"完璧归赵"的故事。

司马相如十分仰慕他，干脆取"相如"二字，给自己取了新名字。

我要向你学习，改名"相如"。

"犬子"有什么不好？

从司马相如给自己改名字一事中我们可以看出，
司马相如对自己有着很高的期许，
他已经为自己的未来找好了方向。

按照当时的规定，
年满二十三岁才能入仕，
但司马相如运气好，在他二十岁时，
朝廷降低了门槛，规定年满二十岁就能做官。
于是他兴冲冲地直奔长安而去。

司马相如

> 我如此有才华，
> 未来必定一片光明。

成都城北十里，有一座升仙桥。

离开成都时，司马相如在桥上留下了一句名言：

"不乘赤车驷马，不过汝下。"

这句话的意思是："不在长安闯出个名堂，我就不回来了！"

这是年轻的司马相如立下的誓言，

他渴望实现自己的人生抱负，希望自己青云得志。

当时有一种选官制度叫"赀选"，

赀的意思是钱财，赀选就是拿钱换官。

如果你想做官，朝廷要先审核一下你家里有没有钱，

做官所需的车马、官服也得你自己置办。

为什么想做官就得拿钱换呢？

因为当时的朝廷认为，家里有钱的人做官才会清廉。

抵达长安后，司马相如就是走货选程序，
做了皇帝的武骑常侍。

从此走上人生巅峰。

所谓武骑常侍，就是皇帝的保镖，
因此，司马相如官位虽低，但是见到皇帝的机会多。
只要是金子，就容易晃着皇帝的眼。
司马相如相信，凭借自己的才华，得到皇帝的赏识是必然的。

皇上一定会欣赏我，
我就是最有才华的那个人！

很快，司马相如就发现自己想得太简单了。

别说得到皇帝的赏识，

皇帝甚至可能都不知道自己有个保镖叫司马相如。

所有人在我眼里
都一个样。

普　通　人

司马相如很优秀，不但长得好看，而且能文能武，写赋更是一绝。

可是当时的皇帝汉景帝对诗赋根本没兴趣。

爱好、特长和上司不一样，要想得到提拔可太难了！

一般来说，皇帝的爱好是改不了的；

要改，那也应该是司马相如改。

假设司马相如抛弃自己的特长，

小心翼翼地侍奉皇帝，

凭借他的才能，应该也能青云直上。

不过这样的话，司马相如就要抛弃自己的爱好和特长。

怎么办？还要坚持走自己的路吗？司马相如陷入了深深的思考。

公元前 150 年，汉景帝的弟弟梁王入朝。

与梁王同时来到长安的，还有他的文学随从。

在这之前，梁王曾经协助汉景帝平定了七国之乱，得到了汉景帝的嘉奖。

汉景帝还曾说过要让梁王当下一任皇帝。

这一众人马入朝，浩浩荡荡，受到了很高的礼遇。

这让司马相如看到了人生的转机。

梁王喜欢文学，招贤纳士，司马相如由此认为：

跟着梁王，绝不会埋没自己的才干！

于是，司马相如决定投奔梁王。

梁王是个文学爱好者，非常喜爱汉赋，创办了一个汉赋沙龙，
所以他接纳了司马相如。
司马相如在梁王手下工作也很开心，
他与邹阳、枚乘、庄忌等辞赋家志趣相投，互相切磋。

在这一时期，司马相如写赋的功力日渐提升，

他写下了非常有名的《子虚赋》。

这篇文章说的是有两位先生，

一位是楚国的子虚先生，

一位是齐国的乌有先生，

他们"花式"斗嘴，各自夸耀自己的国家有多么了不起。

通过两人的攀比，

司马相如一方面歌颂了汉帝国的富庶辽阔，

另一方面也点出了不可骄奢淫逸的道理。

我的国家啥都有！

我的国家啥都强！

拓展学堂

　　赋是汉朝最具代表性的文学样式。汉赋有骚体赋、汉大赋、抒情小赋之分。贾谊是骚体赋的代表作家，司马相如是汉大赋的代表作家，张衡是抒情小赋的代表作家。《子虚赋》和《上林赋》是司马相如的代表作品，是汉赋中的典范。

《子虚赋》在汉赋发展的历史上具有很重要的意义，但司马相如当时并不知道《子虚赋》意味着什么，他只知道在梁王手下工作可以发挥他的文学才能。可惜的是，司马相如除了在文学创作上日益精进，在政治上还是没有什么建树。汉景帝并不是真心想传位给梁王，大臣袁盎建议汉景帝将儿子刘彻立为太子。袁盎的建议惹恼了梁王，于是梁王遣刺客秘密杀害了袁盎。这让汉景帝震怒，对梁王处处猜忌。老板的处境都这么糟糕了，手下人还能有什么前途呢？

唉，当诸侯王，怎么能不安分守己呢？！

闯进古才子班

没过几年，梁王去世了，司马相如彻底失去了工作。

老板没了，你放长假吧。

4

梁王这里的工作丢了，朝廷也回不去了，
无奈之下，司马相如只好垂头丧气地归蜀。

青云之志

你立的誓言还在呢！

司马相如的家庭条件本来还不错，
但当年为了供他去长安做官，
他的父母把家底都花光了。
因此，看不到前途的司马相如只能过着饱一顿饥一顿的日子，
活得栖（xī）栖遑遑。

当年立下的誓言还在，而今只剩下穷困潦倒，
可以说，这个时候的司马相如真是太惨了。

好在天无绝人之路。
就在司马相如为下一顿饭发愁的时候，
一个叫王吉的人给他写了一封信。

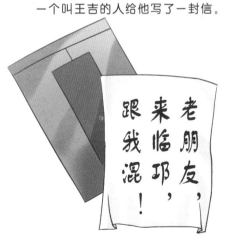

王吉是司马相如的老朋友，当时是临邛（qióng）（今四川邛崃）县令。
一接到王吉的信，司马相如就来到了临邛。
这一来，就引出了一段流传千古的故事。

抵达临邛后，司马相如住在驿站里，
王吉经常去拜访他，每次都对他礼敬有加。
不久，一个消息在临邛传开了——
"不得了，不得了，县里来了个大人物，
连咱们的王县令都对他客客气气的。"
听说县里来了大人物，当地的首富卓王孙十分好奇，
于是在家里举办了一场宴会，宴请当地所有的名流。
他给王吉送去请柬，并且特意说明一定要带着传说中的大人物赴宴。
司马相如形象好、气质佳，
在宴会上一出场，就惊艳了各位嘉宾。
紧接着，在王吉的请求下，司马相如抚琴一曲。

司马相如

优美的琴声吸引了一个人，

这个人就是卓王孙的女儿——卓文君。

卓文君当时还不到二十岁，之前有过婚约，

但她刚过门，丈夫就去世了。

司马相如到临邛时，她正在娘家守寡。

卓文君很喜欢音乐，听到美妙动人的琴声后，

她悄悄来到宴会厅外，

推开一扇窗，

向厅里望了一眼。

就因为这一眼，一段美丽的爱情故事上演了。

之后几天，卓文君魂不守舍，
心里全是那位在她的家里弹琴的司马相如，
于是她派了一个侍女向司马相如传话。
又过了几天，她忽然从卓家消失了。
原来，卓文君私自跑去找司马相如了。
司马相如是个果断的人，
立马带着卓文君回到了成都。
在现代，年轻人可以自由恋爱；
在古代，却讲究父母之命，媒妁之言。
卓文君和司马相如如此不顾礼法，
卓王孙暴跳如雷，宣布和卓文君断绝父女关系。

我要和她断绝父女关系！
一分钱都不会给她！

请问您怎么看待
卓文君的行为？

卓王孙说一分钱都不会给女儿，
其实是说给司马相如听的。
他觉得司马相如是为了钱才娶卓文君的，
女儿是上了司马相如的当。
他知道女儿是在蜜罐里长大的，
盼着女儿吃不了苦的时候，
就会回来找爸爸。

然而，事实告诉他，他想错了。

司马相如看重的不是钱财，

他也不在乎卓文君寡妇的身份，

他看重的是二人心灵、品性相契合。

卓文君也不在乎司马相如很穷，

她看重的是司马相如的人品和才华。

这二人有相当的审美水平，有共同的价值观，

有共同的人生追求。

二人心心相印，生活贫困又怎能拆散他们呢？

司马相如

后来，二人因为家贫而返回临邛。

为了解决温饱问题，司马相如卖掉了车马，与卓文君开了一个小酒馆。
司马相如当刷碗工，卓文君当服务员，小日子过得有声有色，
这就是历史典故"当垆卖酒"的由来。

传说司马相如追求卓文君的时候，写过两篇《凤求凰》。

有一美人兮，见之不忘。

一日不见兮，思之如狂。

凤飞翱翔兮，四海求凰。

无奈佳人兮，不在东墙。

…………

——《凤求凰二首·其一》

凤兮凤兮归故乡，遨游四海求其凰。

时未遇兮无所将，何悟今兮升斯堂！

有艳淑女在闺房，室迩人遐毒我肠。

何缘交颈为鸳鸯，胡颉颃兮共翱翔！

…………

——《凤求凰二首·其二》

不过这两篇作品很有可能是后人伪造的。
因为在司马相如生活的时代，
还没有这么成熟的五言和七言作品。
虽然两篇作品可能是假的，其中的感情却是真的，
司马相如和卓文君的感情甚至比这两篇作品里传达的还要深得多。

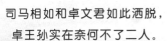
司马相如

司马相如和卓文君如此洒脱，
卓王孙实在奈何不了二人。
在别人的劝说下，他给了司马相如和卓文君不少仆从与财物，
二人返回成都，成为富人。
俗话说"成家立业"，
有了家，接下来就该立业了。

司马相如和卓文君卖酒的时候，

汉武帝已经即位。

汉武帝特别喜欢赋，可他不知道司马相如还活着。

一个偶然的机会，汉武帝读了《子虚赋》，

感慨地说："可惜啊可惜，作者要是还活着就好了。"

这篇赋写得太好了！

汉武帝身边有个侍从和司马相如是老乡，他当即接过话茬说：

"司马相如是我老乡，还好端端地活着呢。"

汉武帝大喜，急忙派人请司马相如入京。

接到消息的司马相如立即收拾行装，

他等待这一刻已经太久了。

粉丝见偶像，心情自然格外激动。

汉武帝一见到司马相如，就问起了《子虚赋》。

司马相如

司马相如没有吹牛，这一次他写的是《上林赋》。

这篇赋歌颂的是上林苑的豪华壮观，

子虚先生和乌有先生在开场"打了个酱油"，

然后由一个叫亡（wú）是公的老人家主讲，

最后的落脚点是劝谏天子不要骄奢淫逸。

汉武帝对《上林赋》大加赞赏，

立马授予司马相如官职。

我终于等来了
欣赏我才华的人。

《子虚赋》《上林赋》是司马相如的杰作，

也是汉大赋中的明珠。

往后数年，司马相如一直是汉武帝身边的红人。

只是汉武帝虽看重司马相如，却没有让他做高官。

因为汉武帝觉得司马相如只是个文人，缺乏实务能力。

司马相如默默等待着，

这个时候，他只差一个证明自己的机会而已。

司马相如在汉武帝身边当了几年官后，西南边疆发生了一次动乱。

司马相如主动请缨，一年内两次前往动乱地区，

宣传朝廷政策，安抚民众。

司马相如到达蜀郡的时候，

蜀郡太守以下官吏都到郊外迎接他，

县令负弩前驱，当地人都以迎接司马相如为荣。

在司马相如的努力下，当地恢复了和平。

司马相如终于实现了年少时"赤车驷马"的志向。

司马相如虽然为朝廷立下了汗马功劳，
但他不慕官爵，称病闲居，
大多数时间都与卓文君隐居于茂陵（今陕西兴平）附近。

也许是因为司马相如的赋写得太好，
也许是因为他和卓文君的爱情故事流传太广，
后来关于他的传说还有很多。
汉武帝第一任皇后叫陈阿娇，
汉赋中有一篇《长门赋》，
据说这是阿娇被废后，请司马相如写的求情文章。
这篇文章辞藻华丽，感人肺腑，
但很可惜，它十有八九是伪作，
因为它是司马相如去世几百年后忽然冒出来的。

如果说《长门赋》确实是伪作，那我们就得问一个问题：

汉朝作赋高手那么多，

为什么后人把这篇文章挂在司马相如名下，

而不是挂在其他人名下呢？

这就得说到司马相如的隐居生活了。

司马相如是大文豪，

退隐之后经常有人来请他写文章。

司马相如

别人写出文章后都很注意保存，

司马相如却随意得很，写完就了事，

所以他后来写了哪些作品，

历史上并没有详细记载，

这是后人把《长门赋》挂在他名下的第一个原因。

第二个原因是司马相如有"爱情偶像剧男主角"的光环。

汉朝的社会风气还是比较开放的，即便如此，

他与卓文君对爱情的追求也是惊世骇俗的。

与司马相如生在同一时代的作赋高手有很多，

但这样勇敢追求爱情的却只有他一个，

给《长门赋》这种爱情文学作品署他的名，可以说是正得其人。

司马相如退隐后，仍然关心国家大事。

他预料到汉武帝会举办封禅大典，于是早早做了准备。

公元前118年，司马相如病逝，

汉武帝怕他的文章散佚，

赶忙派人去茂陵打包整理。

卓文君对使者说，

司马相如活着的时候写了文章后不保存，一些文章早就丢失了，

但他去世前写了一篇文章，

说如果朝廷派人来，就把它交上去。

使者把文章拿回去给汉武帝一看，汉武帝惊呆了，

因为司马相如留下的正是他最需要的封禅书。

司马相如

最后，我们再来说一下司马相如和卓文君的结局吧。

司马相如去世一百多年后，忽然冒出了一些传言。

有人说，他退隐后一度想过讨小妾，

卓文君还跟他闹过离婚。

但这些传言都很可疑，不能当真。

毕竟若真有这事的话，司马相如活着的时候就传开了，

何必等到一百多年后呢？

不过，我们相信，

就算司马相如知道了这个传言，也不会在意。

毕竟，洒脱如他，怎么会在乎别人怎么说呢？

悠悠之口，
不必在意。